SUPER FACILE
TOUT LE MONDE PEUT CUISINER !

W0316767

Bolo Super Facile

ANAÏS CHABAULT
PHOTOGRAPHIES DE RICHARD BOUTIN

MARABOUT

Sommaire

SAUCES EXOTIQUES

SAUCES POISSONS & CRUSTACÉS

SAUCES DÉFI

TOMATES EXPRESS

prêt en 25 minutes

15-17 minutes de cuisson

pour 4 personnes

tomates
× 10

oignon
× 1

ail
× 2 gousses

thym
× 2-3 brins

huile d'olive
1 filet

- Rincer, éplucher et couper les tomates en petits morceaux. Éplucher et couper l'ail en deux. Éplucher et couper l'oignon en petits morceaux.
- Dans une casserole, à feu moyen, verser l'huile d'olive, l'oignon et l'ail. Faire revenir quelques minutes.
- Ajouter les tomates et les brins de thym. Laisser mijoter à feu moyen 12-15 minutes.
- Saler et poivrer.

TOMATES, OLIVES & BASILIC

oignon
× 1

basilic
× 15 feuilles

coulis de tomates
400 ml

olives grecques
× 20

parmesan
20 g

huile d'olive
1 filet

prêt en 20 minutes

15 minutes de cuisson

pour 4 personnes

- Éplucher et couper l'oignon en petits morceaux. Rincer et ciseler le basilic. Râper le parmesan.
- Dans une casserole, à feu doux, verser l'huile d'olive et l'oignon. Faire revenir quelques minutes. Verser le coulis de tomates, les olives et le basilic. Laisser mijoter à feu doux 10-12 minutes.
- Mélanger avec les pâtes, saupoudrer de parmesan, saler et poivrer.

TOMATES EXTRA HOT

tomates
× 10

olives grecques
× 20

piment fort
½ cuillerée à café

sucre
1 cuillerée à soupe

oignon
× 1

sauce Worcestershire
3 cuillerées à soupe

prêt en 25 minutes

15 minutes de cuisson

pour 4 personnes

- Éplucher et émincer l'oignon. Rincer, éplucher et couper les tomates en petits morceaux.
- Dans une casserole, mettre les dés de tomates, l'oignon, la sauce Worcestershire, le piment et les olives. Laisser mijoter à feu moyen environ 15 minutes.
- Saler et poivrer.

AMERICAN

4

TOMATES & COURGETTES

tomates
× 10

sauce barbecue
40 ml

ail
× 2 gousses

courgette
× 1 petite

gruyère râpé
60 g

huile d'olive
1 filet

prêt en 25 minutes

15-17 minutes de cuisson

pour 4 personnes

- Éplucher et couper l'ail en deux. Rincer et râper la courgette. Rincer, éplucher et couper les tomates en petits morceaux.
- Dans une casserole, à feu moyen, verser l'huile d'olive, les dés de tomates, l'ail et la sauce barbecue. Laisser mijoter 10-12 minutes.
- Ajouter la courgette râpée et cuire à feu doux 5-7 minutes.
- Saler et poivrer. Servir avec du gruyère râpé.

TOMATES & POIVRONS GRILLÉS

poivrons grillés surgelés
300 g

tomates
× 8

ail
× 3 gousses

huile d'olive
1 filet

romarin
× 3 brins

parmesan
25 g

prêt en 30 minutes

20 minutes de cuisson

pour 4 personnes

- Éplucher et couper l'ail en deux. Éplucher et couper les tomates en morceaux. Râper le parmesan.
- Dans une casserole, à feu moyen, mettre les tomates, l'huile d'olive, l'ail et le romarin. Laisser mijoter environ 12 minutes. Ajouter les poivrons grillés et cuire encore 5-8 minutes supplémentaires. Saler et poivrer.
- Au moment de servir, saupoudrer de parmesan.

TOMATES, CHORIZO & RICOTTA

prêt en 25 minutes

15-17 minutes de cuisson

pour 4 personnes

tomates
× 10

chorizo
60 g

maïs
× 1 petite boîte (140 g)

romarin
× 2 brins

ricotta
125 g

huile d'olive
1 filet

- Rincer, éplucher avec un couteau et couper les tomates en petits morceaux. Couper le chorizo en tranches.
- Dans une casserole, à feu moyen, verser l'huile d'olive et le chorizo. Faire revenir quelques minutes.
- Ajouter les tomates, le romarin et le maïs. Laisser mijoter à feu moyen 12-15 minutes. Saler et poivrer.
- Répartir la ricotta sur les pâtes sans mélanger.

TOMATES CERISES AUX HERBES

échalotes
× 2

persil
× 4 brins

tomates cerises
× 40 (280 g)

huile d'olive
1 filet

prêt en 20 minutes

sans cuisson

pour 4 personnes

- Éplucher et couper les échalotes en fines lamelles. Rincer et ciseler le persil. Rincer et couper les tomates cerises en quatre.
- Dans un bol, mettre les tomates et les presser avec les mains pour faire sortir le jus. Ajouter le persil, l'échalote, l'huile d'olive, du sel et du poivre. Bien mélanger.

TOMATES SÉCHÉES & MOZZA

prêt en 20 minutes

3-4 minutes de cuisson

pour 4 personnes

tomates séchées
290 g

câpres
3 cuillerées à soupe

billes de mozzarella
125 g

olives vertes
× 15 grosses avec noyaux

- Sortir les tomates séchées de leur bocal. Conserver l'huile. Couper les tomates en petits morceaux et mixer avec 4 cuillerées à soupe de l'huile du bocal.
- Dans une casserole, à feu moyen, chauffer la purée de tomates environ 3 minutes. Verser sur les pâtes. Ajouter les câpres et les olives.
- Ajouter les billes de mozzarella et poivrer.

BOLOGNAISE EXPRESS

prêt en 35 minutes

20-25 minutes de cuisson

pour 4 personnes

bœuf haché
125 g

tomates entières
× 1 boîte (400 g)

oignon
× 1

carottes
130 g

origan
2 cuillerées à soupe

huile d'olive
1 filet

- Éplucher et couper l'oignon en morceaux. Couper les carottes en dés. Couper grossièrement les tomates.
- Dans une casserole, à feu moyen, faire revenir l'oignon avec l'huile. Ajouter la viande hachée, saler et poivrer, mélanger pendant quelques minutes.
- Ajouter les carottes, les tomates, l'origan et 100 ml d'eau. Laisser mijoter à feu moyen environ 20 minutes en remuant de temps en temps.

BOLOGNAISE MAESTRO

prêt en 35 minutes

20-25 minutes de cuisson

pour 4 personnes

bœuf haché
200 g

tomates entières
× 1 boîte (300 g)

oignon
× 1

vin rouge
130 ml

basilic
× 10 feuilles

thym
× 3 brins

- Éplucher et couper l'oignon en morceaux. Rincer et ciseler le basilic. Couper grossièrement les tomates.
- Dans une casserole, à feu moyen, faire revenir l'oignon avec 50 ml d'eau quelques minutes. Ajouter la viande hachée, saler et poivrer, faire revenir 2-3 minutes.
- Ajouter les tomates, le thym, le basilic et le vin rouge. Laisser mijoter à feu moyen environ 20 minutes en remuant souvent.

BOLOGNAISE À LA MIMOLETTE

prêt en 30 minutes

25 minutes de cuisson

pour 4 personnes

bœuf haché
200 g

tomates cerises
250 g

oignon
× 1

potiron surgelé
200 g

basilic séché
1 cuillerée à soupe

mimolette
60 g

- Éplucher et couper l'oignon en morceaux. Rincer les tomates cerises. Couper la mimolette en petits morceaux.
- Dans une casserole, à feu moyen, faire revenir l'oignon avec 100 ml d'eau pendant quelques minutes. Ajouter la viande hachée, du sel et du poivre. Remuer. Ajouter les dés de potiron surgelés, les tomates cerises et le basilic. Laisser mijoter environ 20 minutes en remuant de temps en temps.
- Au moment de servir, ajouter la mimolette.

BOULETTES AIGRES-DOUCES

prêt en 25 minutes

15 minutes de cuisson

pour 4 personnes

bœuf haché
350 g

ail
× 3 gousses

coulis de tomates
700 g

sauce aigre-douce
80 ml

thym
× 3-4 brins

huile d'olive
1 filet

- Éplucher et couper l'ail en deux.
- Faire une dizaine de boulettes de viande hachée avec les mains.
- Dans une casserole, à feu doux, verser l'huile d'olive et l'ail. Remuer quelques minutes. Ajouter les boulettes et les tourner régulièrement pendant 5 minutes. Verser le coulis de tomates, la sauce aigre-douce et les brins de thym. Laisser mijoter environ 10-12 minutes.
- Saler et poivrer avant de servir.

CARBONARA À LA CRÈME

prêt en 15 minutes

7-10 minutes de cuisson

pour 4 personnes

jaunes d'œufs
× 3

lardons
120 g

parmesan
40 g

persil
× 3 brins

crème fraîche épaisse
50 ml

- Rincer et émincer grossièrement le persil. Faire des copeaux de parmesan avec un couteau.
- Dans une poêle, à feu moyen, faire revenir les lardons. Ils doivent être croustillants. Réserver hors du feu.
- Dans un saladier, verser les pâtes chaudes et la crème fraîche, mélanger. Incorporer délicatement les jaunes d'œufs.
- Ajouter les copeaux de parmesan, les lardons et le persil. Saler et poivrer.

CARBONARA AU GRUYÈRE

prêt en 15 minutes

7-10 minutes de cuisson

pour 4 personnes

jaunes d'œufs
× 3

lardons
120 g

gruyère râpé
50 g

ciboulette
× ½ botte

- Rincer et ciseler finement la ciboulette.
- Dans une poêle, à feu moyen, faire revenir les lardons. Ils doivent être croustillants. Réserver hors du feu.
- Dans un saladier, verser les pâtes chaudes et les jaunes d'œufs. Mélanger délicatement.
- Ajouter le gruyère râpé, les lardons et 2 cuillerées à soupe de ciboulette. Saler et poivrer.

BEURRE, AIL & PERSIL

beurre
100 g

persil
× 2-3 brins

ail
× 2 petites gousses

prêt en 5 minutes

5 minutes de cuisson

pour 4 personnes

- Éplucher et couper l'ail en rondelles. Rincer et ciseler le persil.
- Faire fondre à feu doux le beurre coupé en tranches. Enlever la mousse blanche avec une cuillère. Ajouter l'ail et le persil, chauffer 1 ou 2 minutes à feu doux.
- Saler et poivrer légèrement.

SAUCE MORNAY

prêt en 20 minutes

10 minutes de cuisson

pour 4 personnes

beurre
30 g

farine
30 g

lait
300 ml

gruyère râpé
20 g

bouillon de légumes
× 1 cube

noix de muscade
1 pincée

- Préparer le bouillon selon les instructions de l'emballage.
- Dans une casserole, à feu doux, faire fondre le beurre coupé en morceaux. Ajouter la farine et mélanger avec un fouet 1-2 minutes.
- Verser le lait et 50 ml de bouillon petit à petit, mélanger environ 5 minutes. La sauce doit être épaisse.
- Ajouter la noix de muscade, du sel, du poivre et le gruyère râpé. Laisser fondre à feu doux en mélangeant. Servir rapidement.

PETITS POIS & MOZZA

prêt en 10 minutes

5 minutes de cuisson

pour 4 personnes

beurre
100 g

estragon
× 4 brins

mozzarella
250 g

petits pois surgelés
190 g

- Rincer et hacher grossièrement l'estragon. Couper la mozzarella en gros morceaux.
- Cuire les petits pois selon les instructions de l'emballage et égoutter.
- Dans une casserole, à feu doux, faire fondre le beurre coupé en tranches. Quand il devient noisette, mettre la casserole hors du feu et ajouter les petits pois.
- Verser les petits pois au beurre sur les pâtes. Ajouter la mozzarella. Saler et poivrer.

CITRON & BASILIC

beurre
100 g

citron
× 1

basilic
× 5 feuilles

prêt en 5 minutes

5 minutes de cuisson

pour 4 personnes

- Presser le citron. Rincer et ciseler les feuilles de basilic.
- Faire fondre à feu doux le beurre coupé en tranches. Enlever la mousse blanche avec une cuillère.
- Verser 1,5 cuillerée à soupe de jus de citron et le basilic. Saler et poivrer.

PESTO MAESTRO

prêt en 15 minutes

3-4 minutes de cuisson

pour 4 personnes

basilic
× 1 botte

pignons
35 g

huile d'olive
100 ml

parmesan
35 g

ail
× ½ petite gousse

artichauts marinés
30 g

- Râper finement le parmesan. Éplucher et couper l'ail en tranches. Rincer le basilic. Couper les artichauts en petits morceaux.
- Dans une poêle, à feu doux, griller les pignons quelques minutes en remuant régulièrement.
- Mixer le basilic, les pignons, l'ail, l'artichaut, le parmesan et l'huile d'olive. Le mélange doit être homogène. Saler et poivrer.
- Astuce : pour adoucir un pesto, ajouter des pignons.

PESTO À LA ROQUETTE

prêt en 15 minutes

3-4 minutes de cuisson

pour 4 personnes

roquette
50 g

pignons
35 g

huile d'olive
100 ml

parmesan
35 g

ail
½ petite gousse

- Râper finement le parmesan. Éplucher et couper l'ail en tranches.
- Dans une poêle, à feu doux, griller les pignons quelques minutes en remuant régulièrement.
- Mixer la roquette, les pignons, l'ail, le parmesan et l'huile d'olive. Le mélange doit être homogène. Saler et poivrer.
- Astuce : pour adoucir un pesto, ajouter des pignons.

POIVRON & TOMATES

poivron
× 1 gros

tomates
× 8 romas

ail
× 3 gousses

sucre
1 cuillerée à soupe

huile d'olive
1 filet

prêt en 25 minutes

15 minutes de cuisson

pour 4 personnes

- Rincer, éplucher et couper les tomates en petits morceaux. Éplucher et couper l'ail en deux. Rincer et couper le poivron en petits morceaux.
- Dans une casserole, verser l'huile d'olive, les dés de tomates, les morceaux de poivron, le sucre et l'ail. Porter à ébullition et laisser frémir à feu doux pendant 12-15 minutes.
- Saler et poivrer.

AUBERGINES GRILLÉES

prêt en 15 minutes

10 minutes de cuisson

pour 4 personnes

aubergines grillées surgelées
250 g

ail
× ½ gousse

béchamel
250 ml

gruyère râpé
1 petite poignée

ciboulette
× ½ botte

- Rincer et couper finement la ciboulette. Éplucher l'ail.
- Dans une poêle, à feu moyen, verser la béchamel et presser l'ail. Ajouter les aubergines surgelées et 2 cuillerées à soupe de ciboulette. Laisser mijoter environ 10 minutes. Saler et poivrer.
- Au moment de servir, parsemer de gruyère râpé.

BETTERAVES & PARMESAN

prêt en 25 minutes

13-15 minutes de cuisson

pour 4 personnes

betteraves cuites
300 g

vinaigre balsamique
1-2 cuillerées à soupe

bouillon de légumes
× 1 cube

parmesan
15 g

oignon
× 1

huile d'olive
1 filet

- Couper les betteraves en dés. Éplucher et couper l'oignon en lamelles. Râper le parmesan. Préparer le bouillon selon les instructions de l'emballage.
- Mixer les betteraves et 250 ml de bouillon.
- Dans une casserole, à feu moyen, faire revenir l'oignon et l'huile d'olive environ 10 minutes. Les oignons doivent être fondants et dorés.
- Ajouter la purée, le parmesan et le vinaigre balsamique. Chauffer à feu doux environ 3 minutes. Saler et poivrer.

Lagostina

BROCOLIS & PETITS POIS

prêt en 15 minutes

5 minutes de cuisson

pour 4 personnes

brocoli
350 g

jaunes d'œufs
× 3

gruyère râpé
35 g

petits pois surgelés
150 g

- Rincer et couper le brocoli en bouquets.
- Porter à ébullition 1 litre d'eau salée, y mettre les brocolis et les petits pois. Cuire 5 minutes puis égoutter.
- Dans un plat, verser les pâtes encore chaudes avec les brocolis et les petits pois. Bien mélanger.
- Verser les jaunes d'œufs et mélanger délicatement. Ajouter le gruyère râpé. Saler et poivrer.

ASPERGES AUX ŒUFS

prêt en 15 minutes

5 minutes de cuisson

pour 4 personnes

asperges
× 1 botte

jaunes d'œufs
× 3

parmesan
25 g

- Râper finement le parmesan.
- Rincer, couper les pieds des asperges et les éplucher jusqu'à la tête. Porter à ébullition 1 litre d'eau, cuire les asperges 5 minutes. Égoutter. Les couper en tronçons.
- Dans un plat, verser les pâtes encore chaudes et les asperges. Mélanger.
- Verser les jaunes d'œufs et mélanger délicatement aux pâtes. Ajouter le parmesan et poivrer.

CHEDDAR & MOUTARDE

prêt en 15 minutes

10 minutes de cuisson

pour 4 personnes

cheddar
75 g

crème fraîche épaisse
250 ml

moutarde
2 cuillerées à café

ciboulette
× ½ botte

- Rincer et couper finement la ciboulette. Râper grossièrement le cheddar.
- Dans une casserole, à feu moyen, verser la crème fraîche et la moutarde. Mélanger.
- Ajouter le cheddar et 1 ou 2 cuillerées à soupe de ciboulette, mélanger et laisser mijoter à feu doux 5-7 minutes. Saler et poivrer.

ROQUEFORT & ASPERGES

prêt en 15 minutes

10 minutes de cuisson

pour 4 personnes

roquefort
100 g

asperges
× 10

crème fraîche épaisse
200 ml

- Éplucher les asperges. Les cuire 5 minutes dans une casserole remplie d'eau frémissante. Égoutter et laisser refroidir. Couper les asperges en tronçons en gardant les têtes entières.
- Dans une casserole, mettre le roquefort coupé en morceaux et la crème fraîche. Faire fondre à feu moyen environ 5 minutes en remuant sans arrêt. Ajouter les asperges et du poivre.

GORGONZOLA & BETTERAVES

prêt en 25 minutes

10 minutes de cuisson

pour 4 personnes

betteraves cuites
300 g

bouillon de légumes
× 1 cube

ail
× ½ gousse

gorgonzola
35 g

pignons
20 g

persil
× 2 brins

- Détailler grossièrement les betteraves et le fromage en dés. Éplucher et couper l'ail en tranches. Rincer et couper finement le persil. Préparer le bouillon selon les instructions de l'emballage.
- Mixer les betteraves et 200 ml de bouillon.
- Dans une poêle, à feu doux, griller les pignons quelques minutes.
- Dans une casserole, à feu moyen, verser la purée, le gorgonzola, l'ail et le persil. Laisser mijoter 5 minutes. Ajouter les pignons, saler et poivrer.

PESTO & COURGETTES

prêt en 25 minutes

15 minutes de cuisson

pour 4 personnes

pesto
190 g

courgettes
170 g

crème fraîche épaisse
200 ml

persil
× 2 brins

citron
× ½

- Rincer et râper les courgettes. Rincer et hacher finement le persil.
- Dans une casserole, à feu doux, verser le pesto, la crème fraîche. Remuer quelques minutes.
- Ajouter les courgettes et le persil. Laisser mijoter pendant 8-10 minutes en remuant souvent.
- Parsemer d'une cuillerée à café de zestes de citron. Saler et poivrer.

BÉCHAMEL & CÈPES

prêt en 15 minutes

10 minutes de cuisson

pour 4 personnes

cèpes surgelés
150 g

béchamel
200 ml

parmesan
30 g

persil
× 2 brins

○ Rincer et couper grossièrement le persil.

○ Dans une poêle, à feu moyen, mettre les cèpes surgelés et 50 ml d'eau. Cuire pendant 5 minutes. Ajouter la béchamel et remuer. Saler et poivrer. Servir avec le parmesan râpé.

BÉCHAMEL & CÈPES

prêt en 15 minutes

10 minutes de cuisson

pour 4 personnes

cèpes surgelés
150 g

béchamel
200 ml

parmesan
30 g

persil
× 2 brins

- Rincer et couper grossièrement le persil.
- Dans une poêle, à feu moyen, mettre les cèpes surgelés et 50 ml d'eau. Cuire pendant 5 minutes. Ajouter la béchamel et remuer. Saler et poivrer. Servir avec le parmesan râpé.

ÉPINARD & BOURSIN®

prêt en 15 minutes

7-9 minutes de cuisson

pour 4 personnes

Boursin® au poivre
150 g

pousses d'épinard
100 g

citron
× 1

crème fraîche épaisse
250 ml

- Rincer et zester le citron.
- Dans une casserole, à feu moyen, verser la crème fraîche et le Boursin® au poivre. Mélanger et laisser mijoter pendant 3 minutes.
- Ajouter les pousses d'épinard et laisser mijoter à feu doux environ 5 minutes.
- À la fin de la cuisson, ajouter 1 ou 2 cuillerées à café de zestes de citron.

MOUTARDE & ROQUETTE

prêt en 20 minutes

10 minutes de cuisson

pour 4 personnes

moutarde
1,5 cuillerée à café

beurre
40 g

oignon
× 1

crème fraîche épaisse
250 ml

roquette
2 poignées

- Éplucher et couper l'oignon. Rincer la roquette.
- Dans une casserole, à feu doux, faire fondre le beurre coupé en tranches et l'oignon. L'oignon doit devenir translucide.
- Ajouter la crème fraîche et la moutarde. Bien mélanger. Ajouter la roquette. Saler et poivrer. Laisser mijoter à feu doux pendant 3-5 minutes.

BIÈRE & CÈPES

prêt en 20 minutes

15 minutes de cuisson

pour 4 personnes

cèpes congelés
300 g

beurre
20 g

oignon
× 1

bière brune
100 ml

- Éplucher et couper l'oignon.
- Dans une casserole, à feu doux, faire fondre le beurre coupé en tranches et l'oignon. L'oignon doit devenir translucide.
- .Verser la bière et les cèpes congelés. Laisser mijoter à feu doux environ 15 minutes jusqu'à évaporation d'un tiers du liquide. Saler et poivrer.

BIÈRE & BŒUF

prêt en 25 minutes

15-18 minutes de cuisson

pour 4 personnes

bœuf
200 g

oignon
× 1

fond de bœuf
× 1 dose

bière blonde
100 ml

moutarde
1 cuillerée à café

pain d'épices
× 2 tranches

- Éplucher et couper l'oignon en petits morceaux. Couper la viande en grosses lamelles, le pain d'épices en morceaux. Préparer le fond de bœuf selon les instructions de l'emballage.
- Dans une casserole, à feu moyen, verser l'oignon et la bière, cuire 5 minutes. Ajouter 200 ml de bouillon, la moutarde et le pain d'épices. Laisser mijoter à feu moyen environ 10 minutes.
- Ajouter la viande et laisser mijoter à feu doux quelques minutes. Saler et poivrer.

BIÈRE & POIREAUX

prêt en 25 minutes

15 minutes de cuisson

pour 4 personnes

poireaux
250 g

ail
× 2 gousses

thym
× 4 brins

crème fraîche épaisse
200 ml

bière blonde
100 ml

- Rincer et couper finement les poireaux. Les passer sous l'eau de nouveau. Éplucher et émincer l'ail.
- Dans une casserole, à feu moyen, verser les poireaux et la bière. Remuer pendant 5 minutes. Ajouter l'ail et les brins de thym et cuire environ 10 minutes.
- Avant de servir, verser la crème fraîche et laisser mijoter à feu doux quelques minutes. Saler et poivrer.

VODKA, TOMATES & MENTHE

prêt en 25 minutes

17-20 minutes de cuisson

pour 4 personnes

ail
× 2 gousses

coulis de tomates
800 g

vodka
100 ml

menthe
× 15 feuilles

huile d'olive
1 filet

- Éplucher et couper l'ail en deux. Rincer et ciseler très finement la menthe.
- Dans une casserole, à feu doux, verser l'huile d'olive et l'ail. Remuer quelques minutes. Ajouter le coulis de tomates et remuer régulièrement pendant 5 minutes.
- Verser la vodka, la menthe et laisser mijoter à feu doux 10-12 minutes sans couvercle pour que l'alcool s'évapore un maximum.
- Saler et poivrer.

WHISKY, TOMATES & BASILIC

prêt en 25 minutes

15 minutes de cuisson

pour 4 personnes

coulis de tomates
600 ml

whisky
60 ml

lait de coco
80 ml

tomates cerises
150 g

basilic
× 15 feuilles

sucre
1-2 cuillerées à café

- Rincer les tomates cerises. Rincer et ciseler les feuilles de basilic.
- Dans une casserole, verser le coulis de tomates, les tomates cerises, le sucre, le lait de coco et le whisky. Laisser mijoter à feu doux pendant 15 minutes.
- Ajouter le basilic. Saler et poivrer.

Glenfiddich

WHISKY & POTIRON

prêt en 25 minutes

15-18 minutes de cuisson

pour 4 personnes

potiron surgelé
500 g

whisky
30 ml

persil
× 2 brins

cumin en poudre
1 cuillerée à café

ail
× 3 gousses

- Rincer et hacher finement le persil. Éplucher et couper l'ail en deux.
- Dans une casserole, à feu moyen, verser 200 ml d'eau, le potiron surgelé et l'ail. Cuire environ 10 minutes en remuant de temps en temps.
- Ajouter le whisky et mélanger. Puis le cumin et le persil. Laisser mijoter à feu doux 5 minutes. Saler et poivrer.

PORTO & CHORIZO

porto
100 ml

chorizo
70 g

oignon
× 1

crème fraîche épaisse
250 ml

prêt en 25 minutes

15 minutes de cuisson

pour 4 personnes

- Couper le chorizo en rondelles. Éplucher et couper finement l'oignon.
- Dans une poêle, à feu moyen, faire revenir l'oignon, le chorizo et 20 ml d'eau. Les oignons doivent être translucides. Ajouter le porto et laisser frémir environ 8 minutes, jusqu'à évaporation d'un tiers du liquide.
- Ajouter la crème fraîche, laisser frémir à feu doux quelques minutes en remuant. Saler et poivrer.

PORTO & MELON

prêt en 25 minutes

15 minutes de cuisson

pour 4 personnes

melon
1 kg

porto
30 ml

ail
× ½ petite gousse

persil
× 1-2 brins

- Couper le melon en deux, enlever les pépins et trancher de petits cubes sans la peau. Rincer et hacher finement le persil. Éplucher l'ail.
- Dans une casserole, à feu moyen, verser 50 ml d'eau, le porto, l'ail pressé et les morceaux de melon. Laisser mijoter pendant 12-15 minutes.
- Vers la fin de cuisson, ajouter le persil. Saler et poivrer.

PORTO & CHAMPIGNONS

prêt en 25 minutes

20 minutes de cuisson

pour 4 personnes

champignons
300 g (frais ou surgelés)

porto
100 ml

lardons
150 g

persil
× 2-3 brins

crème fraîche épaisse
250 ml

- Rincer et hacher finement le persil.
- Dans une poêle, à feu moyen, faire revenir les lardons. Ils doivent être croustillants. Réserver hors du feu.
- Dans une casserole, à feu moyen, verser le porto et les champignons et cuire environ 12-15 minutes en remuant de temps en temps. Ajouter la crème fraîche et remuer. Mettre les lardons et cuire encore 5 minutes.
- Parsemer de persil. Saler et poivrer.

PASTIS & GAMBAS

prêt en 25 minutes

15 minutes de cuisson

pour 4 personnes

pastis
80 ml

gambas
× 8 grosses entières

oignon
× 1

crème fraîche épaisse
250 ml

fenouil
× 1 petit

- Éplucher et trancher l'oignon. Rincer le fenouil, ôter la racine à l'intérieur et couper des tranches fines.
- Dans une poêle, à feu moyen, faire revenir l'oignon, le pastis et 30 ml d'eau. L'oignon doit être translucide. Ajouter les gambas et faire revenir à feu moyen. Les sortir et ôter les pattes et la carapace.
- Mettre le fenouil dans la poêle, faire revenir à feu moyen 5 minutes. Ajouter la crème et remuer. Remettre les gambas. Saler et poivrer.

POULET TIKKA MASALA

prêt en 25 minutes

15 minutes de cuisson

pour 4 personnes

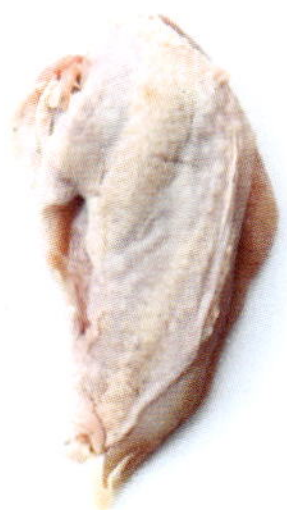

poulet
300 g de filet

sauce tikka masala
350 g

yaourt à la greque
× 1

poivron rouge
× 1

coriandre
× 2 brins

huile d'olive
1 filet

- Rincer et hacher finement la coriandre. Rincer et couper le poivron en petites lamelles.
- Couper le poulet en morceaux.
- Dans une casserole, à feu moyen, verser l'huile d'olive, le poulet et faire revenir. Verser la sauce tikka masala et remuer. Ajouter le poivron et laisser frémir pendant 12-15 minutes.
- Avant de servir, verser le yaourt, la coriandre et laisser mijoter à feu doux 3 minutes. Saler et poivrer.

POULET AU CURCUMA

prêt en 25 minutes

15 minutes de cuisson

pour 4 personnes

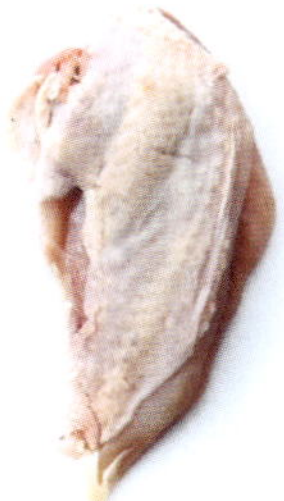

poulet
300 g de filet

yaourts à la grecque
× 2

oignon
× 1

curcuma
1 cuillerée à café

cumin
2 cuillerées à café

ciboulette
× ½ botte

- Rincer et ciseler la ciboulette. Éplucher et couper finement l'oignon. Couper le poulet en morceaux.
- Dans une casserole, à feu doux, verser 30 ml d'eau, les oignons, le curcuma et le cumin. Remuer pendant quelques minutes.
- Ajouter le poulet et faire revenir à feu moyen quelques minutes.
- Verser les yaourts et 1 ou 2 cuillerées à soupe de ciboulette. Laisser mijoter à feu doux pendant 8-10 minutes en remuant souvent. Saler et poivrer.

KETCHUP DE CAROTTES

prêt en 35 minutes

20-25 minutes de cuisson

pour 4 personnes

carottes
350 g

gingembre
15 g

tomates
× 3

piment rouge en poudre
½ cuillerée à café

vinaigre de cidre
3 cuillerées à soupe

sirop d'érable
15 ml

- Éplucher et couper le gingembre en petits morceaux. Éplucher et couper les carottes en morceaux. Éplucher les tomates et les couper en morceaux.
- Dans une casserole, à feu moyen, mettre les carottes et 200 ml d'eau. Porter à ébullition 10-12 minutes.
- Ajouter les tomates, le gingembre, le piment, le vinaigre, le sirop et du sel. Laisser mijoter environ 12 minutes. Mixer. Le mélange doit être homogène. Ajouter un peu d'eau si besoin.

SAUCE INDIENNE

prêt en 20 minutes

8-10 minutes de cuisson

pour 4 personnes

épinards frais
150 g

ricotta
250 g

curry en poudre
1-2 cuillerées à café

pignons
50 g

- Rincer les feuilles d'épinard.
- Dans une poêle, à feu moyen, griller les pignons environ 3 minutes.
- Dans une casserole, à feu moyen, faire frémir les feuilles d'épinard et 100 ml d'eau en remuant. Verser le curry et la ricotta. Laisser mijoter à feu doux 5 minutes.
- Vers la fin de la cuisson, ajouter les pignons, saler et poivrer. Si le mélange est trop épais, ajouter un peu d'eau.

POTIRON & NOIX DE COCO

potiron surgelé
200 g

tomates
× 8

noix de coco râpée
25 g

coriandre
× 2 brins

mélange cinq épices
1 cuillerée à café

prêt en 20 minutes

15 minutes de cuisson

pour 4 personnes

- Rincer et ciseler la coriandre. Rincer, éplucher et couper les tomates en morceaux.
- Dans une casserole, verser les dés de tomates, porter à ébullition. Ajouter les dés de potiron surgelés et les épices. Laisser frémir à feu doux pendant 12-15 minutes.
- Dans une grande poêle, à feu moyen, faire griller la noix de coco râpée pendant 3-4 minutes en remuant sans arrêt. Verser dans la casserole. Ajouter la coriandre. Remuer de nouveau.

MANGUES & CURRY

prêt en 25 minutes

15 minutes de cuisson

pour 4 personnes

mangues
× 2 grosses bien mûres

oignon
× 1

piment rouge mi-fort
× 1

curry jaune
1 cuillerée à café

huile d'olive
1 filet

- Couper les mangues en deux, ôter la chair et couper en petits morceaux. Éplucher et couper finement l'oignon. Rincer et couper le piment en fines rondelles.
- Dans une casserole, à feu moyen, verser l'huile d'olive, l'oignon et le curry. Cuire quelques minutes, l'oignon doit devenir translucide. Ajouter 100 ml d'eau, le piment et les mangues. Laisser frémir à feu doux pendant 12-15 minutes.
- Un peu avant la fin de la cuisson, saler et poivrer.

THON À LA MOUTARDE

prêt en 15 minutes

10 minutes de cuisson

pour 4 personnes

thon
× 1 boîte

crème fraîche épaisse
250 ml

moutarde
2 cuillerées à soupe

ciboulette
× 1 botte

parmesan
10 g

- Rincer et couper finement la ciboulette. Râper le parmesan.
- Dans une casserole, à feu moyen, verser la crème fraîche et la moutarde. Bien remuer. Ajouter le thon émietté et remuer. Laisser mijoter environ 5 minutes.
- Ajouter 3 cuillerées à soupe de ciboulette. Saler et poivrer. Mélanger.
- Au moment de servir, saupoudrer de parmesan.

S

THON, KETCHUP & BASILIC

tomates
× 10

thon
× 2 boîtes

crème fraîche liquide
50 ml

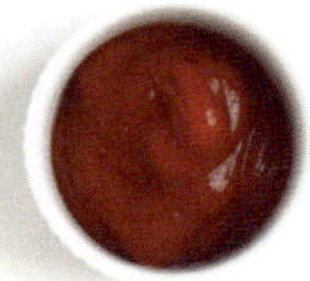

ketchup
70 ml

basilic
× 20 feuilles

prêt en 25 minutes

15 minutes de cuisson

pour 4 personnes

- Rincer, éplucher avec un couteau et couper les tomates en petits morceaux. Rincer le basilic, garder quelques feuilles entières et ciseler le reste.
- Dans une casserole, à feu moyen, verser les dés de tomates, la crème liquide, le basilic et mélanger. Ajouter le thon émietté et le ketchup. Laisser mijoter 12-15 minutes.
- Saler, poivrer et parsemer de feuilles de basilic.

THON, COCO & CITRON VERT

prêt en 15 minutes

7-9 minutes de cuisson

pour 4 personnes

thon
× 1 boîte

crème de coco
250 ml

citron vert
× 1

ail
× ½ gousse

piments rouges mi-forts
× 2 petits

- Rincer et couper le piment en rondelles. Rincer et couper le citron vert en quatre. Éplucher l'ail.
- Dans une casserole, à feu moyen, verser la crème de coco, l'ail pressé et le piment rouge. Bien remuer. Ajouter le thon émietté grossièrement et le jus d'un quart de citron vert. Remuer et laisser mijoter à feu doux environ 5 minutes.
- Saler et poivrer. Ajouter du jus ou un morceau de citron vert selon les goûts.

ANCHOIS & ARTICHAUTS

prêt en 15 minutes

sans cuisson

pour 4 personnes

anchois
× 2

fonds d'artichauts
surgelés
300 g

bouillon de légumes
× 1 cube

persil
× 2 brins

- Décongeler les fonds d'artichauts selon les instructions de l'emballage. Les couper en morceaux fins. Préparer le bouillon de légumes selon les instructions de l'emballage.
- Mixer la moitié des artichauts et 100 ml de bouillon. Ajouter l'autre moitié des artichauts, le persil haché et les anchois. Mixer de nouveau. Le mélange doit être homogène. Poivrer.

ANCHOIS & POIREAUX

poireaux
200 g

anchois
× 2 petits

beurre
40 g

crème fraîche épaisse
250 ml

vin blanc
150 ml

prêt en 25 minutes

15 minutes de cuisson

pour 4 personnes

- Rincer et couper finement les poireaux puis les passer sous l'eau de nouveau.
- Dans une casserole, à feu moyen, mettre les poireaux, le beurre coupé en tranches et remuer pendant 5 minutes, ajouter le vin blanc et les anchois. Cuire 8-10 minutes. Un tiers du liquide doit s'évaporer.
- Avant de servir, verser la crème fraîche et laisser mijoter à feu doux quelques minutes. Poivrer.

SARDINES AU CURRY ROUGE

prêt en 20 minutes

10 minutes de cuisson

pour 4 personnes

sardines à l'huile
× 1 boîte

pâte de curry rouge
2 cuillerées à soupe

citron vert
× 1

crème de coco
250 ml

poivron rouge
× 1

- Retirer les arêtes des sardines. Ôter la peau selon les goûts.
- Découper le citron vert en deux. Rincer, couper le poivron en deux, épépiner et trancher des lamelles.
- Dans une casserole, verser la pâte de curry et la crème de coco, chauffer sur feu moyen. Bien mélanger. Ajouter les sardines, du poivre et presser un demi-citron vert. Laisser mijoter environ 10 minutes.
- Ajouter du jus ou des tranches de citron vert selon les goûts.

MAQUEREAUX À LA MOUTARDE

prêt en 15 minutes

5 minutes de cuisson

pour 4 personnes

maquereaux à l'huile
× 1 boîte

œufs de lompe rouges
2 cuillerées à soupe

crème fraîche épaisse
250 ml

moutarde
1,5 cuillerée à soupe

aneth
× 4 brins

- Sortir les maquereaux de la boîte. Ôter la peau selon les goûts. Rincer et ciseler l'aneth.
- Dans une casserole, à feu doux, verser la moutarde et la crème fraîche. Remuer. Ajouter les filets de maquereaux, du poivre et 1 ou 2 cuillerées à soupe d'aneth. Mélanger. Laisser mijoter 4-5 minutes.
- Vers la fin de la cuisson, ajouter les œufs de lompe et remuer délicatement pour ne pas trop les casser.

SAUMON FUMÉ À L'ANETH

prêt en 15 minutes

7-9 minutes de cuisson

pour 4 personnes

saumon fumé
× 4 tranches

pousses d'épinard
100 g

jaunes d'œufs
× 3

parmesan
25 g

aneth
× 3 brins

- Râper le parmesan. Rincer et couper grossièrement l'aneth. Couper le saumon en morceaux moyens.
- Dans une casserole, à feu moyen, verser les pâtes chaudes, les pousses d'épinard et l'aneth. Bien remuer. Éteindre le feu.
- Au moment de servir, verser les jaunes d'œufs et mélanger délicatement avec les pâtes. Saupoudrer de parmesan, saler et poivrer.

57

SAUMON AU PIMENT ROUGE

saumon fumé
× 2 grosses tranches

crème fraîche épaisse
250 ml

piment rouge mi-fort
× 1-2

estragon
× 2 brins

gruyère râpé
60 g

prêt en 15 minutes

8-10 minutes de cuisson

pour 4 personnes

- Rincer les brins d'estragon. Rincer et ouvrir le piment en deux, enlever les pépins et couper des rondelles. Couper le saumon en gros morceaux.
- Dans une casserole, à feu moyen, verser la crème fraîche, des feuilles d'estragon et le piment. Chauffer quelques minutes. Ajouter le saumon et laisser mijoter à feu doux 5 minutes en remuant souvent.
- Saler et poivrer. Servir avec du gruyère râpé.

CREVETTES AU VIN BLANC

prêt en 30 minutes

15-18 minutes de cuisson

pour 4 personnes

crevettes roses
× 20

beurre
40 g

crème fraîche épaisse
150 ml

vin blanc
200 ml

ciboulette
× 1 botte

oignon
× 1

- Éplucher et émincer l'oignon. Rincer et couper finement la ciboulette.
- Dans une casserole, à feu doux, faire revenir l'oignon dans le beurre coupé en tranches 5 minutes. Verser le vin et faire frémir 6-8 minutes jusqu'à évaporation d'un tiers du vin.
- Verser la crème liquide, mélanger, ajouter les crevettes et 3 cuillerées à soupe de ciboulette. Laisser frémir à feu doux pendant 4-6 minutes.

CREVETTES AU CURRY

prêt en 25 minutes

15-17 minutes de cuisson

pour 4 personnes

crevettes roses
× 15

tomates
× 1 boîte (400 g)

yaourt à la grecque
100 ml

curry jaune
1,5 cuillerée à café

cumin
1,5 cuillerée à café

menthe
× 8 feuilles

- Rincer et ciseler finement les feuilles de menthe. Couper grossièrement les tomates.
- Dans une casserole, à feu moyen, mettre les tomates, le curry, le cumin et laisser mijoter 10-12 minutes. Verser 100 ml de yaourt à la grecque et mélanger. Ajouter les crevettes et cuire à feu doux 5-7 minutes.
- Parsemer de menthe. Saler et poivrer.

CREVETTES À LA GRECQUE

prêt en 15 minutes

sans cuisson

pour 4 personnes

crevettes roses
100 g

yaourts à la grecque
× 2

ail
× ½ gousse

menthe
× 10 feuilles

citron
× 1

- Couper les crevettes en deux dans la longueur. Presser le citron. Rincer et ciseler la menthe. Éplucher l'ail.
- Dans un bol, verser les yaourts, 1 ou 2 cuillerées à soupe de jus de citron, l'ail pressé et la menthe. Bien remuer.
- Ajouter les crevettes. Saler et poivrer.

SAINT-JACQUES AU SAFRAN

prêt en 25 minutes

10-15 minutes de cuisson

pour 4 personnes

noix de Saint-Jacques surgelées
200 g

crème fraîche épaisse
250 ml

safran
× 1 dose (1 g)

ciboulette
× ½ botte

parmesan
15 g

- Rincer et couper finement la ciboulette. Râper le parmesan.
- Dans une casserole, à feu moyen, verser la crème fraîche, le safran, le parmesan. Faire chauffer quelques minutes. Ajouter les noix surgelées et 2 cuillerées à soupe de ciboulette. Laisser mijoter environ 10 minutes en remuant souvent.
- Saler et poivrer.

PALOURDES & CHORIZO

prêt en 20 minutes

15 minutes de cuisson

pour 4 personnes

paloudes ou coques
500 g

chorizo
60 g

oignon
× 1

crème fraîche épaisse
250 ml

vin blanc
150 ml

beurre
40 g

- Éplucher et émincer l'oignon. Couper le chorizo en morceaux.
- Rincer les palourdes. Dans une casserole, porter à ébullition 1 litre d'eau et ajouter les palourdes. Cuire 5-7 minutes. Les sortir avec une écumoire.
- Dans une casserole, à feu doux, faire revenir l'oignon dans le beurre 5 minutes. Ajouter le vin, chauffer jusqu'à évaporation d'un tiers du liquide.
- Verser la crème, les palourdes et le chorizo. Laisser frémir à feu doux environ 4 minutes.

S

PALOURDES & TOMATES

prêt en 30 minutes

15-20 minutes de cuisson

pour 4 personnes

paloudes ou coques
400 g

tomates cerises
× 14

oignon
× 1

crème fraîche épaisse
200 ml

vin blanc
200 ml

beurre
40 g

- Rincer les palourdes et les tomates cerises. Éplucher et émincer l'oignon.
- Dans une casserole, porter à ébullition 1 litre d'eau, cuire les palourdes 5-7 minutes. Les sortir avec une écumoire.
- Dans une casserole, à feu doux, faire revenir l'oignon et le beurre coupé en tranches. Verser le vin et faire frémir 6-7 minutes jusqu'à évaporation du tiers du vin.
- Verser la crème, remuer. Ajouter les tomates et les palourdes. Laisser frémir à feu doux 4-6 minutes.

CALAMARS À L'AIL

prêt en 10 minutes

5 minutes de cuisson

pour 4 personnes

beurre
80 g

persil
× 2-3 brins

ail
× 1 petite gousse

calamars marinés
200 g

mozzarella
× 10 billes

- Sortir les calamars de leur emballage. Rincer et ciseler le persil. Éplucher l'ail.
- Dans une casserole, à feu doux, faire fondre le beurre coupé en tranches. Presser l'ail au-dessus de la casserole, mettre les calamars et le persil. Mélanger avec une cuillère en bois. Laisser infuser les arômes pendant 3-5 minutes.
- Mélanger avec les pâtes et les billes de mozzarella. Saler et poivrer.

COURGE, COCO & LARDONS

prêt en 20 minutes

15 minutes de cuisson

pour 4 personnes

potiron surgelé
460 g

piment d'Espelette
½ cuillerée à café

lardons
120 g

persil
× 2 brins

crème de coco
130 ml

- Rincer et hacher finement le persil.
- Dans une poêle, à feu moyen, faire revenir les lardons. Ils doivent être croustillants. Réserver.
- Dans une casserole, à feu moyen, verser 60 ml d'eau et les dés de potiron surgelés. Cuire environ 10 minutes en remuant de temps en temps. Verser la crème de coco. Mélanger. Ajouter le piment et les lardons. Chauffer à feu doux 5 minutes.
- Parsemer de persil. Saler et poivrer.

SAUCE FROIDE À L'AVOCAT

prêt en 25 minutes

sans cuisson

pour 4 personnes

avocats
× 4 gros

citron
× 1

tahini (crème de sésame)
2 cuillerées à soupe

curry jaune
1 cuillerée à café

ail
× ½ gousse

piment
½ cuillerée à café

- Couper les avocats en deux, dénoyauter, ôter la chair et couper de petits morceaux. Presser le citron. Éplucher l'ail.
- Mixer les avocats, 2 cuillerées à soupe de jus de citron, le curry, le tahini, l'ail pressé et le piment. Le mélange doit être homogène.
- Saler et poivrer.

TOFU & CACAHUÈTES

prêt en 25 minutes

15-18 minutes de cuisson

pour 4 personnes

tofu nature ferme
200 g

lait de coco
250 ml

cacahuètes
30 g

sauce Worcestershire
2-3 cuillerées à café

curry en poudre
1 cuillerée à café

- Couper le tofu en petits carrés. Écraser grossièrement les cacahuètes.
- Dans une casserole, à feu moyen, verser le lait de coco, le curry et la sauce Worcestershire. Mélanger et chauffer quelques minutes.
- Ajouter le tofu et les cacahuètes. Laisser mijoter à feu doux 5-7 minutes.
- Saler et poivrer.

ORANGE, CUMIN & POTIRON

prêt en 20 minutes

12-15 minutes de cuisson

pour 4 personnes

orange
× 1 grosse

potiron surgelé
400 g

ail
× ½ gousse

cumin
½-1 cuillerée à café

lait de coco
150 ml

- Presser l'orange. Éplucher l'ail.
- Dans une casserole, à feu moyen, verser le jus d'orange et les dés de potiron surgelés. Laisser mijoter 7-10 minutes en remuant souvent. Presser l'ail directement dans la casserole, ajouter le cumin et le lait de coco. Laisser cuire 3-5 minutes.
- Saler et poivrer avant de servir.

CHOU-FLEUR & SAUCISSE

prêt en 25 minutes

15-18 minutes de cuisson

pour 4 personnes

moutarde
2 cuillerées à café

chou-fleur
250 g

crème fraîche épaisse
250 ml

parmesan
20 g

saucisse de Montbéliard
160 g

- Couper la saucisse en tranches. Ôter la peau selon les goûts. Rincer et couper le chou-fleur en petits bouquets. Râper le parmesan.
- Dans une casserole, à feu moyen, porter à ébullition 200 ml d'eau, ajouter le chou-fleur et cuire 10 minutes. Égoutter et remettre le chou-fleur dans la casserole.
- Ajouter la crème fraîche, le parmesan, la saucisse et la moutarde. Mélanger. Laisser mijoter à feu doux 5-8 minutes. Saler et poivrer.

Que faire avec ?

Si vous aimez la collection...

Photographies des ingrédients : © Richard Boutin, Akiko Ida, Pierre Javelle, Charlotte Lascève, Elisa Watson et Valéry Guedes.

Mise en pages : Nord Compo
Préparation de copie : Cécile Mouchel
Relecture : Aurélie Legay

58 rue Jean Bleuzen, 92178 Vanves Cedex
7324776
ISBN : 9782501120555
Dépôt légal : janvier 2017
Achevé d'imprimer en novembre 2016 sur les presses de Graficas Estella en Espagne

PAPIER À BASE DE FIBRES CERTIFIÉES

MARABOUT
s'engage pour l'environnement en réduisant l'empreinte carbone de ses livres.
Celle de cet exemplaire est de :
1000 g éq. CO_2
Rendez-vous sur www.marabout-durable.fr